D0998974

60

LES 60 MEILLEURES RECETTES POUR ÉTUDIANTS DU MONDE…
POINT FINAL.
VÉRONIQUE PARADIS

PHOTOGRAPHIE : Antoine Sicotte
DIRECTION ARTISTIQUE : Antoine Sicotte
CONCEPTION VISUELLE : Laurie Auger
DESIGN DE LA COUVERTURE : Laurie Auger
STYLISME CULINAIRE : Véronique Paradis
RÉVISION ET CORRECTION D'ÉPREUVES : Emily Patry et Rosalie Dion-Picard

COLLECTION SOUS LA DIRECTION DE : Antoine Ross Trempe

ISBN : 978-2-920943-56-8

©2012, LES ÉDITIONS CARDINAL
Tous droits réservés.

Dépôt legal : 2012
Bibliothèque et Archives du Québec
Bibliothèque et Archives Canada
ISBN : 978-2-920943-56-8

Nous reconnaissons avoir reçu l'aide financière du gouvernement
du Canada par l'entremise du Fonds du livre du Canada (FLC)
pour nos activités d'éditions ainsi que l'aide du gouvernement du
Québec - Programme de crédits d'impôts pour l'édition de livre et
Programme d'aide à l'édition et à la promotion - Gestion SODEC.

IMPRIMÉ AU CANADA

Toute reproduction ou représentation intégrale ou partielle, par
quelque procédé que ce soit, du texte et/ou de la nomenclature
contenus dans le présent ouvrage, et qui sont la propriété de
l'Éditeur, est strictement interdite.

Distributeur exclusif
Pour le Canada et les États-Unis

MESSAGERIES ADP
2315, rue de la Province
Longueuil, Québec J4G 1G4
Téléphone : 450 640 1237
Télécopieur : 450 674 6237
Internet www.messageries-adp.com

Pour la France et les autres pays

INTERFORUM EDITIS
Immeuble Paryseine, 3, Allée de la Seine
94854 Ivry CEDEX
Téléphone : 33 (0) 1 49 11 56/91
Télécopieur : 33 (0) 1 49 59 11 33
Service commandes France Métropolitaine
Téléphone : 33 (0) 2 38 32 71 00
Télécopieur : 33 (0) 2 38 32 71 28
Internet : www.interforum.fr
Service commande Export – DOM-TOM
Télécopieur : 33 (0) 2 38 32 78 86
Internet : www.interforum.fr
Courriel : cdes-export@interforum.fr

Pour la Suisse

INTERFORUM EDITIS SUISSE
Case postale 69 – CH 1701 Fribourg – Suisse
Téléphone : 41 (0) 26 460 80 60
Télécopieur : 41 (0) 26 460 80 68
Internet : www.interforumsuisse.ch
Courriel : office@interforumsuisse.ch
Distributeur : OLF S.A.
ZI. 3, Corminboeuf
Case postale 1061 – CH 1701 Fribourg – Suisse
Commandes :
Téléphone : 41 (0) 26 467 53 33
Télécopieur : 41 (0) 26 467 54 66
Internet : www.olf.ch
Courriel : information@olf.ch

Pour la Belgique et le Luxembourg

INTERFORUM BENELUX S.A.
Fond Jean-Pâques, 6
B-1348 Louvain-La-Neuve
Téléphone : 32 (0) 10 42 03 20
Télécopieur : 32 (0) 10 41 20 24
Internet : www.interforum.be
Courriel : info@interforum.be

RECETTES POUR ÉTUDIANTS

LES 60 MEILLEURES
DU MONDE... POINT FINAL.

RECETTES POUR ÉTUDIANTS

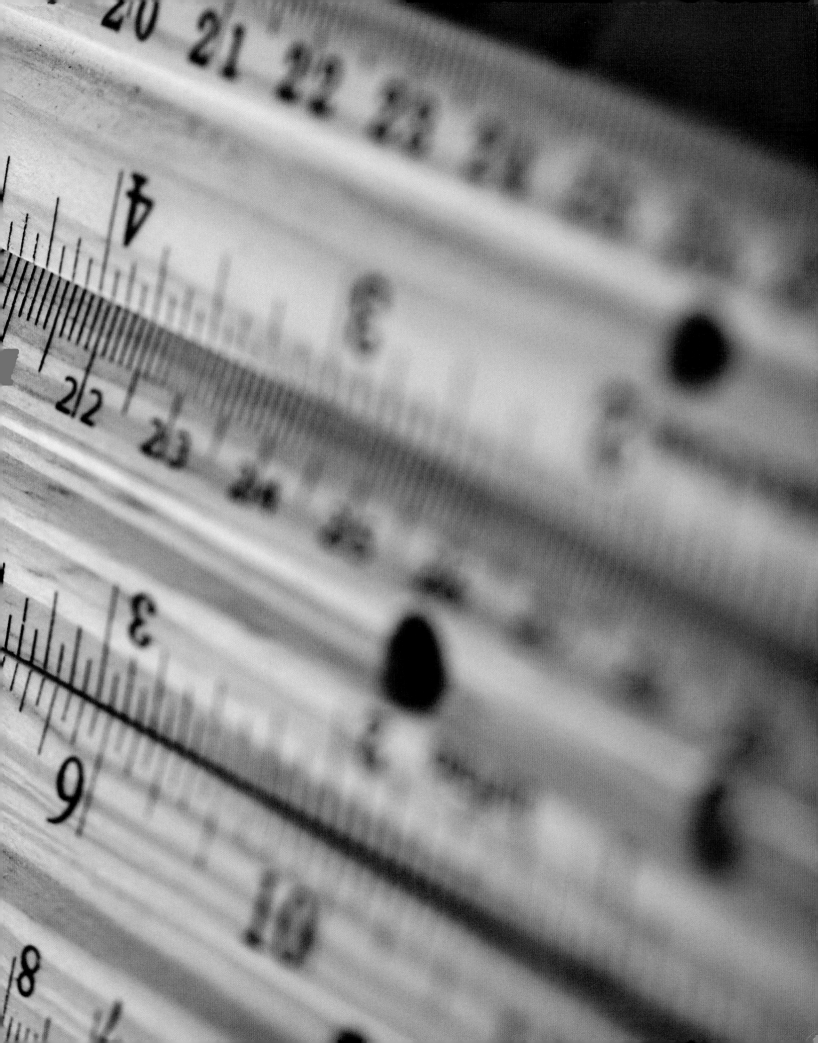

AVERTISSEMENT

Les 60 recettes pour étudiants que vous trouverez dans ce livre sont, selon nous, les 60 meilleures du monde. Notre équipe, composée de chefs, de rédacteurs et de gourmets, est parvenue à distiller le meilleur de ce qui se fait dans le monde pour créer ces 60 meilleures recettes pour étudiants.

Pour faire ce choix, nous nous sommes principalement basés sur ces critères :

LA QUALITÉ DES INGRÉDIENTS
L'ORIGINALITÉ
LE GOÛT
L'APPARENCE
LA SIMPLICITÉ

Est-ce que ce choix est subjectif? Bien entendu! Mais ce qui est certain, c'est que cette liste des 60 meilleures recettes a été faite de bonne foi par une équipe de passionnés et de gourmands. Toutes les photos que vous trouverez dans ce livre ont d'ailleurs été réalisées sans trucage, et les recettes utilisés pour les photos ont par la suite été dégustées avec enthousiasme par toute l'équipe créative.

En espérant que vous aurez autant de plaisir à découvrir et à utiliser ce livre que nous avons eu de plaisir à le faire.

TABLE DES MATIÈRES

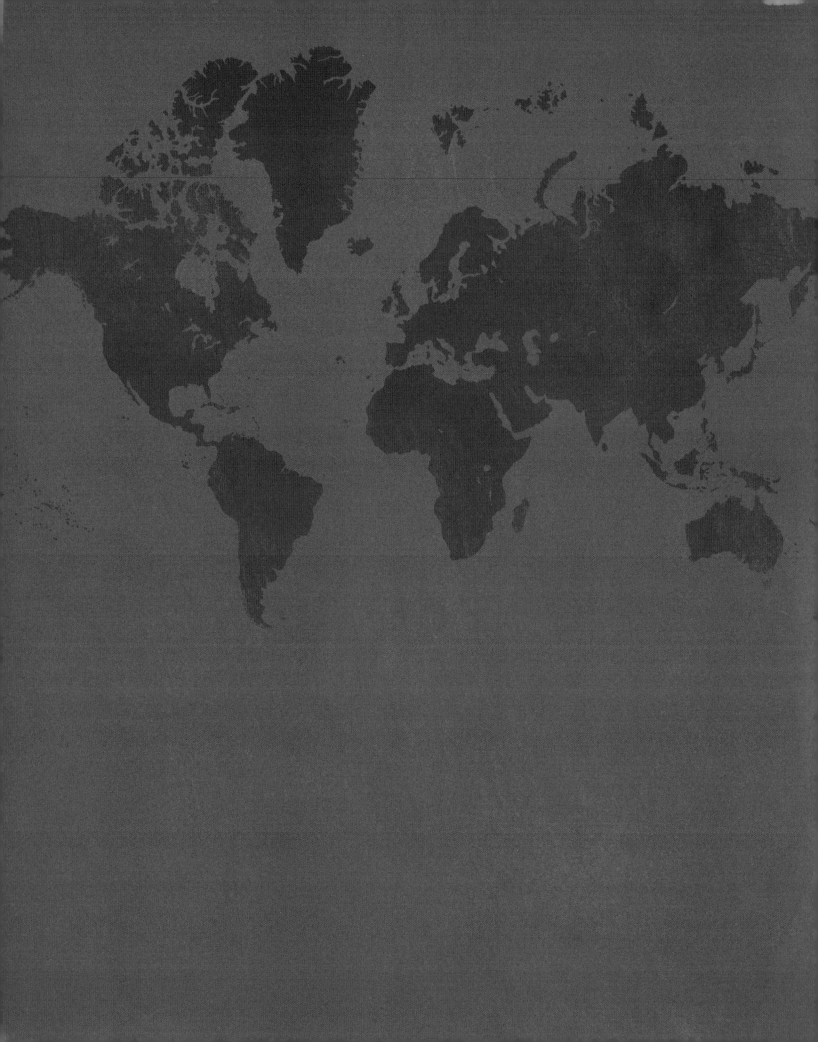

INTRO

Chacune des 60 meilleures recettes pour étudiants présentées dans cet ouvrage possède une légende de goûts et de coûts (voir la signification des symboles pages 018 et 019) qui aidera vos papilles et votre porte-monnaie à s'y retrouver. Vous trouverez également un lexique de cuisine (page 029) et des astuces (page 025) ainsi qu'une liste d'instruments (page 023) qui devraient se retrouver dans votre cuisine afin de concocter les meilleures recettes pour étudiants du monde. Enfin, une table des matières (pages 010 et 011) et un index des ingrédients (pages 176 à 179) vous guideront dans vos choix.

Enfin, impressionnez vos convives avec l'information contenue dans les capsules « Le saviez-vous ? », avec les trucs de pro, les trucs petit budget et les suggestions d'accompagnements.

Et surtout bon appétit!

TEMPS   DÉFI   PIQUANT   GRAS   COÛT

LES SYMBOLES

 TEMPS DE PRÉPARATION EN MINUTES, INCLUANT LA CUISSON

NIVEAU DE DIFFICULTÉ DE LA RECETTE

 DÉBUTANT   INTERMÉDIAIRE   EXPERT

SENSATION PIQUANTE QUI BRÛLE LA LANGUE

 PEU PIQUANT  MODÉRÉMENT PIQUANT   PIQUANT

SENSATION ONCTUEUSE, MOELLEUSE ET RICHE EN GRAISSE

 PEU GRAS   MODÉRÉMENT GRAS   GRAS

COÛT RELIÉ À L'ACHAT DES INGRÉDIENTS

 PEU COÛTEUX   MODÉRÉMENT COÛTEUX   COÛTEUX

LA PETITE HISTOIRE DES RECETTES POUR ÉTUDIANTS

Alors que nos grands-mères avaient des cours de cuisine et d'entretien ménager pour apprendre à nourrir leur famille et à bien tenir leur maison, nos parents, eux, n'ont pas toujours eu le temps de nous montrer les rudiments de la cuisine et ne disposaient pas d'une aussi grande diversité d'aliments que de nos jours.

C'est donc avec peu de connaissances culinaires, d'équipement et d'argent que la plupart des jeunes amorcent aujourd'hui leur vie étudiante. Souvent ils ne savent pas non plus comment faire une épicerie efficace non seulement d'un point de vue monétaire, mais aussi sur le plan du temps, de l'apport nutritionnel et du gaspillage. Leur vie comprend de nombreuses contraintes : ils sont pressés, fauchés, mal équipés et peu informés, ce qui les empêche souvent de se préparer de bons repas. Démotivés par ces difficultés, ils se rabattent plus souvent qu'autrement sur les plats prêts-à-manger disponibles en épicerie ou sur le fast-food, seule option abordable – mais souvent trop salée et trop grasse – offerte par les restaurants.

Et pourtant, combien de fois ont-ils entendu : «une alimentation équilibrée et diversifiée est indispensable à votre bien-être». C'est d'autant plus vrai lorsqu'il faut étudier pour un examen, se préparer pour une compétition sportive ou simplement se concentrer sur de longues périodes au quotidien. Alors que faire? Les connaissances que nous avons aujourd'hui de la valeur nutritive des aliments et la variété de produits offerts nous permettent de démentir le mythe de la malbouffe étudiante. Oui, vous pouvez cuisiner du fast-food santé. Oui, vous pouvez préparer un plat délicieux à petit prix et avec un minimum d'équipement. Oui, vous pouvez le manger proprement devant votre ordinateur ou, faute de table, dans votre lit, sans devoir patauger dans les miettes jusqu'au prochain ménage.

Être étudiant et bien manger en peu de temps : un mythe devenu réalité grâce aux savoureuses idées que vous propose le livre *Les 60 meilleures recettes pour étudiants du monde*.

LES INSTRUMENTS

ESSENTIELS À AVOIR DANS SA CUISINE

1. Du **papier d'aluminium** pour faire des papillotes, éviter que ça colle, ou encore pour couvrir une poêle ou une casserole

2. Un **plat allant au four** pour les gratins, les casseroles, les rôtis et les braisés

3. Une **grande casserole** pour cuire les pâtes et cuisiner en grande quantité

4. Une **grande poêle** pour cuire ce qui doit être cuit

5. Une **petite casserole** pour faire des sauces et cuisiner en portions individuelles

6. Un **pilon** pour faire de délicieuses purées de pommes de terre

7. Une **plaque à pâtisserie rectangulaire** allant au four pour cuire pizzas, quesadillas, ailes de poulet, etc.

8. Une **râpe** pour râper fromages et légumes

9. Une **passoire** pour égoutter ce qui doit l'être

10. Un **ouvre-boîte** pour ouvrir les conserves de toutes sortes

11. Une **spatule** pour déplacer et retourner les aliments fragiles en un tournemain

12. Un **bon couteau** pour couper les aliments et travailler dans la joie

13. Une **cuillère en bois** pour remuer, touiller, brasser...

14. Une **planche à découper** pour avoir un poste de travail efficace lors de la coupe des aliments

15. Un **grand bol** pour faire les salades et autres préparations

16. Une **paire de pinces** pour bien manipuler les aliments

17. Un **économe** pour peler les légumes

18. Un **fouet** pour préparer les crêpes, la mayonnaise et fouetter ce qui doit être fouetté

19. Une **tasse à mesurer** pour obtenir des quantités précises et ainsi réussir vos recettes

20. Un **pied-mélangeur**; un bon investissement ou une excellente idée cadeau qui vous permettra de faire des miracles et ouvrira vos horizons culinaires

ASTUCES

POUR RÉUSSIR LES RECETTES

1. Travaillez dans la joie : libérez votre espace de travail, installez une planche à découper, lavez vos mains et hop! À l'attaque! Cuisiner ses propres repas et comprendre son alimentation procure un réel sentiment de fierté!

2. Souvenez-vous que moins les produits sont transformés, plus ils sont abordables. Optez pour les viandes non marinées, les légumes frais entiers, les fromages et les charcuteries coupés sur place. Soyez attentif aux aubaines en magasin. Votre facture s'en verra allégée!

3. Vous ne connaissez pas tous les ingrédients de la recette? Consultez internet afin de visualiser les ingrédients mystères avant de faire les courses. Ainsi, vous saurez les repérer plus facilement. Peut-être découvrirez-vous même votre nouvel aliment favori!

4. Procurez-vous un bon couteau et votre travail sera définitivement plus agréable. Les couteaux de chef son souvent chers. Vous pouvez toutefois trouver des couteaux de bonne qualité à prix abordable dans les épiceries et boutiques asiatiques. Il suffit de fouiller un peu.

5. Les articles de cuisine usagés, malgré leur aspect moins esthétique, sont tout aussi performants que les articles neufs. Faites la tournée des bazars, des ventes de garage et des armoires de vos grands-parents. Mais n'accumulez pas trop, car plus vous en aurez, plus il faudra en laver!

6. Organisez des séances de cuisine de groupe. Rassemblez 3 ou 4 amis, mettez en commun vos budgets, vos connaissances, votre équipement et sélectionnez quelques recettes. Séparez-vous le magot à la fin de ce bel après-midi entre amis. Que demander de mieux?

7. Lisez bien la recette pour vous assurer de bien la comprendre avant de cuisiner. Sortez les ingrédients et le matériel nécessaires, préchauffez le four au besoin. Bref, préparez-vous : voilà la clé du succès!

8. Au fur et à mesure que vous expérimenterez de nouvelles recettes, vous apprendrez de nouvelles techniques que vous maîtriserez de mieux en mieux. Une fois les techniques assimilées, n'hésitez pas à modifier les ingrédients selon vos goûts et ce que vous avez sous la main.

9. Gardez ce livre dans la cuisine pour y trouver l'inspiration avant de faire les courses. Annotez et indexez les recettes déjà testées ou à essayer. Ce livre est un outil; n'ayez pas peur de le salir en cuisinant!

10. Finalement, gardez toujours en tête que les ingrédients les plus frais font les meilleures recettes. Mangez frais!

POUR UN BON DÉPART

C'est maintenant le temps de garnir votre garde-manger. Par où commencer? Quels sont les indispensables? Comment éviter une facture astronomique? Voici une liste d'épicerie qui vous permettra d'avoir en main toutes les bases nécessaires à la confection des recettes qui suivent et bien plus. N'hésitez pas à consulter ce guide avant d'aller faire les courses et ajoutez-y des aliments frais selon vos goûts, votre budget et les recettes que vous aurez envie d'expérimenter.

LA PREMIÈRE LISTE D'ÉPICERIE

ÉPICES
- cannelle
- poudre de chili
- curry
- épices italiennes
- épices à steak
- cumin
- sel
- poivre
- chili broyé

NON PÉRISSABLES
- couscous
- farine blanche
- poudre à pâte
- sucre blanc
- chapelure italienne
- riz blanc
- huile d'olive
- huile végétale
- pâtes courtes
- spaghetti

CONSERVES
- bouillon de poulet en conserve ou bouillon de poulet concentré en cubes
- tomates en dés
- pâte de tomate
- tomates broyées
- jus de tomate
- thon
- sauce BBQ
- pois chiches
- légumineuses mélangées

CONDIMENTS
- sauce soja
- beurre d'arachide
- mayonnaise
- miel
- ketchup
- moutarde de Dijon
- vinaigre balsamique
- vinaigre blanc
- sauce piquante de votre choix : Tabasco, sambal oelek, sriracha, piri-piri, harissa

POUR EN AVOIR UN PEU PLUS : bloc de parmesan frais, beurre, riz arborio, ail en gousse, lait de coco, oignons, pesto de basilic, cornichons, extrait de vanille et sauce tahini.

LEXIQUE DE CUISINE

1. ASSAISONNER

Donner de la saveur à une préparation en ajoutant sel et poivre.

2. BLANCHIR

Cuire les légumes dans de l'eau bouillante salée.

3. ÉMULSIONNER

À l'aide d'un agent émulsifiant comme le jaune d'œuf ou la moutarde, mélanger deux liquides ou substances qui, en principe, ne se mélangent pas.

4. CISELER

Entailler avec un couteau affûté des échalotes, des oignons ou des herbes aromatiques jusqu'à la racine dans le sens de la longueur puis sur la largeur de manière à obtenir de petits cubes.

5. DÉGLACER

Dissoudre à l'aide d'un liquide les sucs caramélisés laissés au fond d'un récipient par une cuisson dans le but d'obtenir un jus ou une sauce.

6. ÉMINCER

Couper en fines tranches.

7. SAUTER OU REVENIR

Cuire à feu vif un aliment à la poêle ou à la cocotte en remuant.

8. HACHER

Couper en très petits morceaux à l'aide d'un instrument tranchant (gros couteau ou hachoir électrique).

9. RÉDUIRE

Faire épaissir par évaporation sur le feu.

10. JULIENNE

Légumes coupés en longs filaments. La mandoline est généralement utilisée pour cette coupe.

11. SAISIR

Cuire à feu vif pendant peu de temps dans un corps gras (beurre ou huile) pour dorer ou colorer un aliment.

12. ZESTER

Extraire le zeste ou l'écorce d'un agrume à l'aide d'un zesteur ou d'un couteau à peler.

LE SECRET DES CHEFS

Les goûts et les habitudes alimentaires de chacun varient. Le secret pour réussir les meilleures recettes du monde, selon vos propres goûts et standards, est de **goûter** à vos préparations lorsque vous les cuisinez. **Goûtez** avant et après avoir assaisonné. Ajoutez du piquant ou du citron si vos papilles vous le dictent. Doublez la quantité d'herbes ou de fromage si c'est ce dont vous avez envie! Bref, écoutez votre instinct, fiez-vous à vos sens et surtout, **goûtez** constamment.

Voilà le secret des chefs pour être totalement satisfait de ce que vous mettez sur la table.

DUO GUACAMOLE ET SALSA

4 PORTIONS

INGRÉDIENTS POUR LE GUACAMOLE

1 avocat, dénoyauté et sans la peau
Jus de 1 lime
30 ml (2 c. à soupe) huile d'olive
Sel et poivre

INGRÉDIENTS POUR LA SALSA

1 échalote, hachée
398 ml (1 boîte) tomates en dés, égouttées
1 piment jalapeño, épépiné et haché
2 ml (1/2 c. à thé) cumin
30 ml (2 c. à soupe) huile d'olive
60 ml (1/4 tasse) coriandre fraîche, hachée (facultatif)
Sel et poivre
Sauce piquante (au goût)

PRÉPARATION

Guacamole : Dans un bol, à l'aide d'une fourchette, écraser l'avocat avec le jus de lime. Ajouter l'huile d'olive, puis saler et poivrer. Bien remuer pendant 1 minute. Servir.

Salsa : Dans un bol, combiner tous les ingrédients et servir.

LE SAVIEZ-VOUS?

Le mot «salsa» en espagnol désigne non seulement une sauce à base de tomates, mais également une danse et un genre musical.

FRITES MAYO

4 PORTIONS

INGRÉDIENTS POUR LES FRITES

4 grosses pommes de terre, bien nettoyées
et coupées en gros quartiers
30 ml (2 c. à soupe) huile d'olive ou végétale
5 ml (1 c. à thé) poudre de chili
Sel et poivre

INGRÉDIENTS POUR LA MAYONNAISE MAISON

1 jaune d'oeuf
15 ml (1 c. à soupe) moutarde de Dijon
Jus de 1/2 citron
125 ml (1/2 tasse) huile végétale
Sel et poivre

PRÉPARATION

Frites : Dans un bol, combiner tous les ingrédients et mélanger. Étendre les pommes de terre sur une plaque allant au four. Cuire à 200°C (400°F) pendant 40 minutes ou jusqu'à ce que les pommes de terre soient dorées et entièrement cuites.

Mayonnaise : Dans un grand bol, fouetter vigoureusement l'oeuf, la moutarde et le jus de citron pendant 2 minutes. Ajouter lentement l'huile en filet en fouettant sans arrêt afin d'obtenir une mayonnaise onctueuse. Saler et poivrer.

Si la mayonnaise est trop épaisse ou huileuse, ajouter quelques gouttes d'eau tiède pour la détendre.

LE SAVIEZ-VOUS?

La mayonnaise maison se conserve au réfrigérateur de 2 à 3 semaines.

LA FONDUE AU CHOCOLAT

2 PORTIONS

INGRÉDIENTS

125 ml (1/2 tasse) chocolat noir 70 %, concassé
250 ml (1 tasse) crème 35 % (entière)

500 ml (2 tasses) fruits de votre choix
(bananes, pommes, raisins, fraises, pamplemousse, etc.)

PRÉPARATION

Dans un petit bol allant au micro-ondes, combiner le chocolat et la crème. Cuire pendant 1 minute et remuer avec une fourchette pour bien incorporer les ingrédients. Cuire un autre 45 secondes et bien remuer jusqu'à l'obtention d'un mélange uniforme. Servir la sauce avec une assiette de fruits frais à tremper.

SUGGESTION GOURMANDE

Certains ajoutent un peu de kirsch ou de rhum à leur fondue au chocolat, comme le font les Suisses dans leur fondue au fromage.

4

PURÉE DE POMMES DE TERRE EN 5 VERSIONS

2 PORTIONS

LE SAVIEZ-VOUS?

Au réfrigérateur, le tofu conserve sa fraîcheur pendant 7 à 10 jours si on en change l'eau tous les jours.

LA BASE

3 pommes de terre à chair jaune, pelées et coupées en 4

VERSION CLASSIQUE

30 ml (2 c. à soupe) beurre
60 ml (1/4 tasse) lait
Sel et poivre

VERSION SANTÉ

125 ml (1/2 tasse) bouillon de poulet
Sel et poivre

VERSION SAVOUREUSE

125 ml (1/2 tasse) crème sure (aigre)
Sel et poivre

VERSION GRANO

125 ml (1/2 tasse) tofu soyeux
Sel et poivre

VERSION DE LUXE

125 ml (1/2 tasse) cheddar fort, râpé
60 ml (1/4 tasse) ciboulette, ciselée
30 ml (2 c. à soupe) beurre
60 ml (1/4 tasse) lait
Sel et poivre

PRÉPARATION

Dans une casserole, couvrir complètement les pommes de terre d'eau, ajouter 5 ml de sel, puis porter à ébullition. Laisser mijoter 15 minutes. Égoutter les pommes de terre.

Écraser à l'aide d'un pilon à pommes de terre ou d'une fourchette (le pilon est fortement conseillé).

Ajouter les ingrédients selon la version de purée choisie. Bien incorporer, mais ne pas trop mélanger, car la purée deviendra alors collante.

DULCE DE LECHE

300 ML

LE SAVIEZ-VOUS?

«Dulce de leche» signifie «confiture de lait» en espagnol. Certains attribuent sa création à l'Argentine, où on le trouve dans une multitude de produits : dans du chocolat, entre deux biscuits, dans des gâteaux, en tartinade, etc.

INGRÉDIENTS

300 ml (1 boîte) lait condensé sucré

PRÉPARATION

Ne pas ouvrir la boîte de conserve.

Mettre la boîte dans une casserole et recouvrir d'eau. Couvrir la casserole et laisser mijoter pendant 1 heure 30 minutes.

Laisser tempérer la boîte et ouvrir. Servir sur votre dessert favori : crème glacée, tarte aux pommes, etc.

COURGETTES À LA BONNE FRANQUETTE

1 PORTION

PETIT BUDGET

Lors de la belle saison, procurez-vous un plant de menthe fraîche. C'est peu coûteux et facile à entretenir, sans compter que cette petite plante embellira votre cuisine et vous fournira de la menthe fraîche en tout temps. De quoi épater la galerie!

INGRÉDIENTS

15 ml (1 c. à soupe) huile d'olive
1 courgette, coupée en rondelles de 1 cm (0,5 po)
1 gousse d'ail, hachée
Jus de 1/2 citron
Sel
4 feuilles de menthe, hachées

PRÉPARATION

Dans une poêle, chauffer l'huile, poser les courgettes et ne pas les toucher afin de bien les dorer (environ 2 minutes). Ajouter l'ail, le jus de citron et le sel. Remuer et continuer la cuisson pendant 1 minute. Terminer avec la menthe et servir.

LA BOLOGNAISE EXPRESS

6 PORTIONS

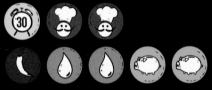

SUGGESTION GOURMANDE

Pour une version végétarienne, remplacez la viande hachée par 500 ml (2 tasses) de lentilles brunes en conserve, rincées et égouttées.

TRUC DE PRO

Les pâtes sont les meilleures amies de l'étudiant. Sacrifiez 30 minutes de votre temps pour faire des réserves de cette sauce passe-partout. Congelez-la en portions individuelles et vous ne serez jamais pris au dépourvu!

PETIT BUDGET

Et pour une version plus économique, remplacez le bœuf haché par du porc haché.

INGRÉDIENTS

1 oignon, coupé en petits cubes
15 ml (1 c. à soupe) huile végétale
450 g (1 lb) bœuf haché
156 ml (1 boîte) pâte de tomate
540 ml (1 boîte) jus de tomate
796 ml (1 boîte) tomates broyées
15 ml (1 c. à soupe) sucre
15 ml (1 c. à soupe) épices italiennes
Sel et poivre

PRÉPARATION

Dans une casserole, cuire l'oignon dans l'huile. Ajouter la viande hachée. Lorsque la viande est entièrement cuite, ajouter le reste des ingrédients. Laisser mijoter 15 minutes en remuant à l'occasion. Servir sur les pâtes de votre choix.

8

POISSON POLYVALENT

2 PORTIONS

INGRÉDIENTS

15 ml (1 c. à soupe) huile d'olive ou végétale
1 poireau, émincé
1 gousse d'ail, hachée
125 ml (1/2 tasse) riz blanc
250 ml (1 tasse) jus de tomate
250 ml (1 tasse) eau
200 g (1/2 lb) filets de poisson blanc (turbot, plie, aiglefin),
coupés en cubes d'environ 2,5 cm (1 po)
Sel et poivre
60 ml (1/4 tasse) coriandre fraîche, hachée grossièrement

PRÉPARATION

Dans une casserole, chauffer l'huile, puis cuire le poireau et l'ail pendant 2 minutes. Ajouter le riz et cuire 1 minute en remuant. Ajouter le jus de tomate et l'eau. Laisser mijoter à feu doux pendant 10 minutes. Ajouter le poisson, saler et poivrer, puis continuer la cuisson encore 2 minutes. Retirer du feu. Couvrir et patienter 5 minutes. Ajouter la coriandre et servir.

SUGGESTION GOURMANDE

Vous raffolez du piquant? Ajoutez-en sans retenue à cette délicieuse recette aux saveurs du Portugal.

LE SAVIEZ-VOUS?

Les poissons à chair blanche sont faibles en matières grasses tout en étant une bonne source de protéines. Par contre, ils ne contiennent pas beaucoup d'oméga-3.

9

KEFTAS D'ICI

2 PORTIONS

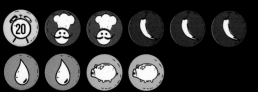

INGRÉDIENTS POUR LES KEFTAS

225 g (1/2 lb) porc haché
6 feuilles de menthe fraîche, hachées
15 ml (1 c. à soupe) ras-el-hanout
1 oignon, haché finement
Sel

INGRÉDIENTS POUR LE COUSCOUS

15 ml (1 c. à soupe) huile d'olive ou végétale
500 ml (2 tasses) sauce tomate
125 ml (1/2 tasse) eau
15 ml (1 c. à soupe) sauce piquante (ou au goût)
125 ml (1/2 tasse) couscous

PRÉPARATION

Dans un bol, combiner tous les ingrédients des keftas. Former 6 galettes.

Dans une grande poêle, chauffer l'huile à feu moyen et cuire les keftas de 3 à 4 minutes de chaque côté. Verser la sauce tomate et l'eau dans la poêle, puis continuer la cuisson pour 3 minutes. Ajouter la sauce piquante. Verser le couscous dans la sauce en évitant le plus possible les keftas. Cuire pendant 1 minute. Couvrir et retirer du feu, puis laisser reposer 5 minutes. Servir.

PETIT BUDGET

Le porc haché est très peu coûteux. Si vous préférez, remplacez le porc par du bœuf haché pour un résultat tout aussi savoureux.

BARQUETTES THON ET AVOCAT

2 PORTIONS

INGRÉDIENTS

1 avocat
170 g (1 boîte) thon émietté
30 ml (2 c. à soupe) mayonnaise
5 ml (1 c. à thé) sauce piquante
Sel et poivre

PRÉPARATION

À l'aide d'un petit couteau, faire une entaille autour du noyau de l'avocat. Avec les mains, tordre les deux moitiés de l'avocat afin de l'ouvrir. Avec une cuillère, retirer le noyau de l'avocat.

Égoutter le thon et, dans un bol, le mélanger à la mayonnaise, la sauce piquante, le sel et le poivre.

Servir la moitié du mélange de thon dans une moitié d'avocat.

TRUC DE PRO

Comment bien choisir un avocat à l'épicerie? Les avocats prêts à consommer sont reconnaissables à leur couleur noire et à leur texture tendre. Attention de ne pas acheter des avocats très mous, car ils seront oxydés à l'intérieur.

Ceux qui sont verts ne sont pas encore à point. La texture doit être tendre, mais pas molle. La chair doit être bien verte et on doit pouvoir la manger à la cuillère.

Vous pouvez acheter des avocats très verts et les conserver à la température ambiante, ils mûriront en 2 ou 3 jours.

MILKSHAKE D'ÉLÉPHANT

1 PORTION

INGRÉDIENTS

375 ml (1 1/2 tasse) lait
1 banane
15 ml (1 c. à soupe) beurre d'arachide
15 ml (1 c. à soupe) son de blé (facultatif)

PRÉPARATION

À l'aide d'un pied-mélangeur, broyer tous les ingrédients.

Servir dans un verre avec une paille et boire avant d'aller en classe.

LES FISH & CHIPS

4 PORTIONS

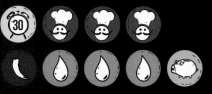

LE SAVIEZ-VOUS?

En Angleterre, les *fish & chips* sont souvent servis dans du papier journal.

INGRÉDIENTS POUR LE POISSON FRIT

Huile végétale pour la friture

170 ml (1/2 bouteille) bière rousse ou brune
125 ml (1/2 tasse) farine + 15 ml (1 c. à soupe) farine
pour enduire le poisson
Sel et poivre

400 g (1 lb) filets de poisson blanc
(morue, tilapia, aiglefin, sole, etc.), coupés en lanières diagonales
de 5 cm x 12 cm (2 po x 5 po)

INGRÉDIENTS POUR LA SAUCE TARTARE

60 ml (1/4 tasse) mayonnaise
30 ml (2 c. à soupe) cornichons de votre choix, hachés finement
ou relish sucrée

Quartiers de citron (pour servir)

PRÉPARATION

Sauce tartare : Dans un petit bol, mélanger tous les ingrédients.

Dans un bol, fouetter la bière, la farine, le sel et le poivre. Laisser reposer pendant 15 minutes au réfrigérateur.

Verser 5 cm (2 po) d'huile végétale dans une grande casserole. Chauffer l'huile jusqu'à ce que de petites gouttelettes de pâte à frire frémissent à la surface.

Lorsque l'huile est suffisamment chaude, passer le poisson dans un peu de farine et le tremper dans la pâte à frire. Déposer doucement le poisson dans l'huile et frire jusqu'à l'obtention d'une belle coloration dorée. Retirer avec une cuillère trouée ou des pinces et égoutter sur un essuie-tout.

Servir le poisson avec la sauce tartare, des quartiers de citron et des frites. (Voir recette page 034)

GLOBE-TOMATES

4 PORTIONS

INGRÉDIENTS

2 saucisses italiennes douces ou fortes
2 tranches de pain, coupées en petits cubes
15 ml (1 c. à soupe) vinaigre balsamique
4 tomates moyennes
30 ml (2 c. à soupe) parmesan

PRÉPARATION

Avec un petit couteau, faire une entaille sur le côté des saucisses et presser pour retirer la chair du boyau. Dans un grand bol, mélanger les cubes de pain, la saucisse et le vinaigre. Avec les mains, pétrir pour former une pâte.

Couper le quart supérieur de chaque tomate et, avec une cuillère, vider délicatement l'intérieur. Remplir la tomate de la farce et saupoudrer de parmesan. Poser les tomates sur une plaque allant au four et cuire à 175°C (350°F) pendant 20 minutes. Servir.

 **PETIT BUDGET**

C'est une recette parfaite pour recevoir en grand, mais à petit prix. Une fois cuites, les tomates se réchauffent aussi très bien au micro-ondes.

LE PHILLY STEAK

1 PORTION

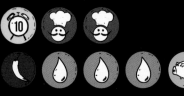

INGRÉDIENTS

398 ml (1 boîte) sauce BBQ
15 ml (1 c. à soupe) huile d'olive ou végétale
1/2 oignon, émincé
1/2 poivron rouge, coupé en lanières
4 tranches de rôti de bœuf, tranchées en fines lanières
1/2 pain baguette
1 tranche de fromage provolone ou de fromage suisse,
coupée en 2 (facultatif)

PRÉPARATION

Dans un contenant, réchauffer la sauce pendant 2 minutes au micro-ondes.

Chauffer l'huile dans une grande poêle et saisir l'oignon et le poivron jusqu'à ce qu'ils soient tendres. Ajouter le rôti de bœuf et verser 125 ml (1/2 tasse) de sauce brune dans la poêle. Réduire jusqu'à ce que la sauce enrobe bien la garniture.

Ouvrir la demi-baguette et disposer le fromage. Garnir du mélange de viande et de légumes. Servir avec un petit bol de sauce chaude pour tremper le sandwich.

LE SAVIEZ-VOUS?

Le Phillycheese steak a été inventé en 1930, à Philadelphie, par un vendeur de hot-dogs ambulant qui a, un jour, décidé de mettre de la viande de boeuf dans ses hot-dogs. Depuis, sa recette n'a cessé de gagner en popularité.

RIZ TOUT-EN-UN

4 PORTIONS

INGRÉDIENTS

15 ml (1 c. à soupe) huile d'olive
1 oignon, émincé
225 g (1/2 lb) bœuf haché
250 ml (1 tasse) riz blanc
5 ml (1 c. à thé) cumin
250 ml (1 tasse) jus de tomate
250 ml (1 tasse) eau
2 tomates fraîches, coupées en dés
10 feuilles de menthe fraîche, hachées
Sauce piquante (au goût)
Sel et poivre

PRÉPARATION

Dans une poêle, chauffer l'huile et faire revenir l'oignon ainsi que le bœuf haché. Lorsque le bœuf est cuit, ajouter le riz et le cumin. Faire revenir durant 1 minute et ajouter le jus de tomate, l'eau et les tomates. Laisser mijoter 10 minutes ou jusqu'à ce que le riz soit cuit. Si le riz est encore croquant, ajouter de l'eau. Terminer avec la menthe et la sauce piquante. Saler, poivrer et servir.

SUGGESTION GOURMANDE

Ajouter tous les légumes de votre choix à ce plat : poivrons, courgettes, aubergines, etc.

16

SOUPE COMME À LA MAISON

6 PORTIONS

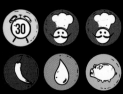

INGRÉDIENTS

15 ml (1 c. à soupe) huile d'olive ou végétale
1 oignon, coupé en petits cubes
2 carottes, pelées et coupées en rondelles de 0,5 cm
6 pommes de terre grelots, coupées en 4
2 gousses d'ail, hachées
796 ml (1 boîte) tomates en dés
1 l (4 tasses) eau ou bouillon de poulet ou bouillon de légumes
15 ml (1 c. à soupe) épices italiennes
Sel et poivre
10 haricots verts, coupés en tronçons de 2 cm (1 po)
2 courgettes, coupées en cubes
125 ml (1/2 tasse) nouilles à soupe

PRÉPARATION

Dans une grande casserole, chauffer l'huile et faire revenir l'oignon et les carottes pendant 2 minutes. Ajouter les pommes de terre et l'ail, et cuire encore 2 minutes. Ajouter les tomates, l'eau ou le bouillon, les épices italiennes, le sel et le poivre. Laisser mijoter pendant 15 minutes.

Ajouter les haricots verts, les courgettes et les nouilles à soupe. Cuire encore 5 minutes et retirer du feu.

TRUC DE PRO

Si vous avez des croûtes de parmesan frais, congelez-les. Quand vient le temps de concocter cette soupe, ajoutez-les avec l'oignon pour toute la durée de la cuisson. Cela ajoutera du goût à votre soupe maison.

PÂTES-O-THON

4 PORTIONS

INGRÉDIENTS

500 ml (2 tasses) pâtes courtes
30 ml (2 c. à soupe) huile d'olive
2 tomates, coupées en cubes
170 g (1 boîte) thon émietté, égoutté
60 ml (1/4 tasse) pesto au basilic ou aux tomates séchées
du commerce
Sel et poivre

PRÉPARATION

Porter une grande casserole d'eau salée à ébullition. Ajouter les pâtes et cuire en suivant la méthode inscrite sur l'emballage. Égoutter et réserver.

Chauffer l'huile d'olive dans la même casserole, puis ajouter les tomates et le thon. Cuire pendant 1 minute, puis ajouter le pesto et les pâtes. Saler et poivrer. Remuer et servir.

 LE SAVIEZ-VOUS?

Blanc ou pâle, le thon en boîte est idéal pour ceux qui veulent manger sainement. Il contient des oméga-3, des acides gras essentiels à une bonne santé.

MARÉE DE MOULES

2 PORTIONS

INGRÉDIENTS

1 kg (2 lb) moules
15 ml (1 c. à soupe) huile d'olive ou végétale
3 gousses d'ail, hachées
125 ml (1/2 tasse) olives, hachées
4 oignons verts, émincés
796 ml (1 boîte) tomates en dés

PRÉPARATION

Rincer les moules à l'eau froide. Retirer celles qui sont cassées ou complètement ouvertes.

Dans une grande casserole, chauffer l'huile avec l'ail, les olives et les oignons verts pendant 2 minutes. Ajouter les tomates et les moules. Remuer et couvrir. Cuire jusqu'à ce que toutes les coquilles soient ouvertes.

Le fait d'agiter la casserole de temps en temps aide les coquilles à s'ouvrir.

Servir accompagnées de frites et de mayonnaise, ou sur des pâtes. (Frites et mayonnaise : voir recette page 034)

 LE SAVIEZ-VOUS?

Les moules sont encore vivantes lorsque vous les achetez. Conservez-les au réfrigérateur avec un linge mouillé pour les couvrir, mais laissez-les toujours à l'air libre, sinon elles meurent. Si elles sont légèrement ouvertes, tapez-les un peu et regardez si elles se referment. Si oui, elles sont bonnes à consommer. Si non, jetez-les.

19

CHOW MEIN

4 PORTIONS

INGRÉDIENTS POUR LA MARINADE

45 ml (3 c. à soupe) sauce soja
15 ml (1 c. à soupe) beurre d'arachide
15 ml (1 c. à soupe) ketchup
2 ml (1/2 c. à thé) poudre de chili

INGRÉDIENTS POUR LE TOFU

454 g (1 lb) tofu ferme, coupé en cubes de 2 cm (1 po)

15 ml (1 c. à soupe) huile végétale
1 poivron jaune, coupé en lanières
250 ml (1 tasse) pois mange-tout, coupés en 2
500 ml (2 tasses) fèves germées
60 ml (1/4 tasse) coriandre fraîche, hachée

PRÉPARATION

Dans un grand bol, combiner tous les ingrédients de la marinade. Ajouter le tofu, mélanger délicatement et mariner au réfrigérateur pendant au moins 2 heures (maximum 2 jours).

Dans une grande poêle, chauffer l'huile et cuire le poivron. Ajouter le tofu, la marinade et les pois mange-tout. Cuire pendant 5 minutes. Ajouter les fèves germées et la coriandre fraîche.

CHOU-FLEUR VIRTUOSE

4 PORTIONS

INGRÉDIENTS

1 chou-fleur
15 ml (1 c. à soupe) curry
80 ml (1/3 tasse) huile d'olive
30 ml (2 c. à soupe) miel ou sirop d'érable
Sel et poivre

PRÉPARATION

Couper le chou-fleur en deux et découper des bouquets de grosseur moyenne.

Dans un bol, combiner le curry, l'huile et le miel. Ajouter les choux-fleurs et bien mélanger. Saler et poivrer. Étendre sur une plaque et cuire au four sous le gril ou sur le barbecue pendant 10 minutes. Servir.

🍴 SUGGESTION GOURMANDE

Cette recette se sert très bien en accompagnement d'une viande ou d'un poisson de votre choix!

HUEVOS RANCHEROS

2 PORTIONS

INGRÉDIENTS

250 ml (1 tasse) salsa du commerce ou salsa maison
(Voir recette page 032)
250 ml (1 tasse) haricots noirs en conserve, rincés et égouttés
4 œufs
125 ml (1/2 tasse) fromage Monterey jack, râpé
Sel et poivre

PRÉPARATION

Dans une poêle, faire mijoter doucement la salsa et les haricots noirs. Former quatre petits nids et casser un œuf dans chacun d'eux. Saler et poivrer. Ajouter le fromage râpé, puis couvrir et cuire pendant 2 minutes.

Servir avec des rôties ou des tortillas.

LE SAVIEZ-VOUS?

« Huevos rancheros » signifie « les œufs du fermier » en français. C'est un plat typique servi le matin au Mexique.

22

LE POISSON RENVERSANT

4 PORTIONS

INGRÉDIENTS

80 ml (1/3 tasse) beurre
80 ml (1/3 tasse) chapelure
3 cm de gingembre frais, pelé et râpé
Jus de 1 lime
45 ml (3 c. à soupe) sauce soja
5 ml (1 c. à thé) sauce piquante (de votre choix)
60 ml (1/4 tasse) coriandre fraîche, hachée
4 filets de tilapia

PRÉPARATION

Dans un bol, laisser ramollir le beurre pendant 15 minutes. À l'aide d'une fourchette, intégrer tous les ingrédients, sauf le poisson, afin d'obtenir une pâte.

Sur une plaque allant au four, verser un filet d'huile, placer les filets de poisson et étendre la pâte sur les filets pour les en recouvrir.

Cuire au four à 200°C (400°F) pendant 15 minutes ou jusqu'à ce que le poisson se défasse avec une fourchette.

Servir avec des légumes lors d'une visite familiale... de quoi rendre vos parents fiers de vous!

23

LE RISOTTO SIMPLIFIÉ

2 PORTIONS

TRUC DE PRO

Avant de retirer le risotto du feu, goûtez aux grains de riz afin de savoir s'ils sont cuits. S'ils sont encore durs au centre, ajoutez un peu d'eau et continuez la cuisson jusqu'à ce qu'ils soient encore fermes, mais tendres sous la dent.

SUGGESTION GOURMANDE

Maintenant que vous connaissez cette technique simplifiée pour faire du risotto, variez les légumes, ajoutez de la viande, changez le bouillon ou alternez les fromages!

INGRÉDIENTS

15 ml (1 c. à soupe) huile d'olive ou végétale
1 oignon, haché
6 tranches de pancetta, de salami ou de jambon, émincées
8 champignons de Paris, coupés en quartiers
125 ml (1/2 tasse) riz arborio
500 ml (2 tasses) bouillon de poulet
250 ml (1 tasse) bébés épinards
60 ml (1/4 tasse) parmesan, râpé
15 ml (1 c. à soupe) beurre
Sel et poivre

PRÉPARATION

Dans une grande casserole, chauffer l'huile.

Ajouter l'oignon et le cuire pendant 2 minutes.

Ajouter la viande et les champignons, puis cuire encore 2 minutes.

Ajouter le riz et cuire durant 30 secondes en remuant.

Ajouter le bouillon de poulet. Laisser mijoter doucement pendant 15 minutes en remuant toutes les 3 minutes.

Ajouter les épinards et remuer pour bien les intégrer et les cuire.

Terminer avec le parmesan et le beurre. Remuer sans arrêt pendant 1 minute. Saler et poivrer.

LÉGUMINEUSES À LA RESCOUSSE

2 PORTIONS

INGRÉDIENTS POUR LA SALADE

540 ml (1 boîte) légumineuses mélangées, rincées et égouttées
199 ml (1 boîte) maïs en grains, rincé et égoutté
1 concombre, coupé en 2, puis en tranches
Sel et poivre

INGRÉDIENTS POUR LA VINAIGRETTE

60 ml (1/4 tasse) huile d'olive
30 ml (2 c. à soupe) vinaigre balsamique
15 ml (1 c. à soupe) miel
Quelques gouttes de sauce piquante
15 ml (1 c. à soupe) épices italiennes

PRÉPARATION

Mélanger tous les ingrédients de la vinaigrette. Ajouter les légumineuses, le maïs et le concombre, saler, poivrer, puis mélanger. Servir.

25

LES CRÊPES FINES

6 CRÊPES

 SUGGESTION GOURMANDE

Pour une version plus nutritive, remplacez la moitié de la farine par de la farine de sarrasin.

 TRUC DE PRO

Utilisez un papier essuie-tout pour enduire le fond de la poêle d'une petite quantité de beurre. Vous aurez ainsi besoin de moins de beurre et obtiendrez d'aussi jolies crêpes, uniformément dorées.

INGRÉDIENTS

2 œufs
250 ml (1 tasse) lait
15 ml (1 c. à soupe) sucre
1 pincée de sel
Quelques gouttes d'extrait de vanille (facultatif)
180 ml (3/4 tasse) farine
15 ml (1 c. à soupe) beurre

PRÉPARATION

Fouetter les œufs, le lait, le sucre, le sel et l'extrait de vanille. Ajouter la farine en pluie afin d'éviter les grumeaux. Cuire 6 grandes crêpes dans une poêle antiadhésive, à feu moyen. Ajouter une petite quantité de beurre avant de cuire chaque crêpe. Servir.

LE POULET VACANCES

4 PORTIONS

INGRÉDIENTS

15 ml (1 c. à soupe) huile d'olive ou végétale
2 poitrines de poulet sans la peau
1/2 oignon rouge, émincé
398 ml (1 boîte) pêches, égouttées et rincées
165 ml (1 boîte) lait de coco
250 ml (1 tasse) eau ou bouillon de poulet
Jus de 1 lime
Sel et poivre
250 ml (1 tasse) couscous

PRÉPARATION

Couper les poitrines de poulet en cubes de 2 cm (1 po).

Dans une grande poêle, chauffer l'huile. Saisir le poulet et l'oignon pendant 2 minutes. Ajouter les pêches, le lait de coco, l'eau ou le bouillon et le jus de lime. Saler et poivrer. Laisser mijoter doucement durant 5 minutes. Ajouter le couscous et remuer. Retirer du feu et couvrir pour 5 minutes. Servir.

TRUC DE PRO

Le zeste est la partie extérieure de l'agrume qui renferme beaucoup de saveur. Ajoutez celui de la lime pour parfumer cette recette exquise. Pour ce faire, râpez l'écorce de l'agrume en évitant la partie blanche trop amère.

SUGGESTION GOURMANDE

Amateur de fruits de mer? Remplacez le poulet par des crevettes!

SAUTÉ COLORÉ

2 PORTIONS

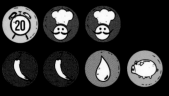

INGRÉDIENTS

2 carrés de nouilles de riz
30 ml (2 c. à soupe) huile végétale
1 oignon, émincé
500 ml (2 tasses) légumes de votre choix, émincés
(carottes, poivrons, brocolis, courgettes, champignons,
haricots verts, maïs, etc.)
60 ml (1/4 tasse) sauce soja
Quelques gouttes de sauce piquante (facultatif)
2 œufs

PRÉPARATION

Porter une petite casserole d'eau à ébullition. Réhydrater les
nouilles pendant 5 minutes. Remuer avec une fourchette pour
les démêler. Égoutter.

Dans une poêle, chauffer l'huile végétale. Cuire l'oignon et les
légumes jusqu'à ce qu'ils soient tendres. Ajouter la sauce soja, la
sauce piquante et les nouilles. Bien mélanger.

Casser les œufs, remuer rapidement et laisser cuire pendant 30
secondes. Bien remuer encore une fois et servir.

SUGGESTION GOURMANDE

Vous avez de la viande, du poisson ou du tofu
dans le réfrigérateur? Coupez-les en lanières et
intégrez-les à la recette au moment de cuire les
légumes.

LE SAVIEZ-VOUS?

En Asie, les vermicelles de riz sont utilisés dans
une multitude de plats, y compris des desserts
comme le *kheer*, composé de vermicelles (ou de
riz ou de boulghour) cuits dans du lait sucré et
parfumé à la cardamome.

BURGER POISSON PANÉ

1 PORTION

INGRÉDIENTS

1 œuf
120 g (1/4 lb) poisson blanc (aiglefin, turbot, plie, etc.)
Sel et poivre
15 ml (1 c. à soupe) farine
30 ml (2 c. à soupe) chapelure
30 ml (2 c. à soupe) huile végétale
1 pain à sandwich de votre choix
Mayonnaise (au goût)
Quelques tranches de tomate

PRÉPARATION

Casser l'oeuf dans un bol et le battre avec une fourchette.

Dans une grande assiette, déposer le filet de poisson. Saler et poivrer.

Saupoudrer la farine sur le poisson afin de le recouvrir entièrement d'une mince couche.

Tremper le poisson entièrement dans l'oeuf.

Enrober le poisson de chapelure et le presser pour que la chapelure adhère bien.

Chauffer l'huile dans une poêle à feu moyen et saisir le poisson de chaque côté pendant 2 à 3 minutes afin qu'il devienne uniformément doré.

Garnir le pain de mayonnaise, de tranches de tomate et du poisson pané. Ajouter d'autres garnitures de votre choix : piment mariné, laitue, fromage, cornichon, etc.

LE SAVIEZ-VOUS?

Cette technique culinaire se nomme «paner à l'anglaise». Une fois maîtrisée, elle vous permet de panner une tonne de produits : tofu, fruits de mer, viandes, légumes, fromages, et bien d'autres. Expérimentez!

PARFAITE PAPILLOTE

2 PORTIONS

INGRÉDIENTS

12 asperges vertes
2 pavés de 200 g (1/2 lb) truite
Sel et poivre
2 gousses d'ail, émincées
1 citron, coupé en tranches
30 ml (2 c. à soupe) huile d'olive

PRÉPARATION

Avec les mains, casser les asperges afin d'éliminer le tiers inférieur qui est trop coriace (l'asperge se cassera naturellement au bon endroit).

Découper 2 feuilles de papier d'aluminium de 40 cm de longueur.

Sur une feuille, disposer les asperges. Déposer les pavés de truite sur les asperges. Saler et poivrer. Parsemer d'ail et poser des tranches de citron sur le poisson. Arroser le tout d'huile d'olive. Recouvrir de la deuxième feuille de papier d'aluminium.

Refermer tous les côtés hermétiquement en repliant le papier d'aluminium plus d'une fois sur lui-même. Terminer en pliant légèrement les coins sur eux-mêmes.

Placer la papillote au four à 175°C (350°F) pendant 20 minutes.

Retirer du four, ouvrir délicatement la papillote et servir.

 TRUC DE PRO

Dans cette recette, les asperges ont le même temps de cuisson que le poisson. C'est pour cette raison qu'elles l'accompagnent si bien. Si vous n'aimez pas les asperges, prenez garde de ne pas les remplacer par un légume au temps de cuisson trop court ou trop long.

POULET CONFO

4 PORTIONS

INGRÉDIENTS

4 hauts de cuisse de poulet désossés et sans la peau, coupés en cubes de 2 cm (1 po)
1 brocoli, coupé en petits bouquets
284 ml (1 boîte) crème de brocoli
284 ml (1 boîte) crème de poulet
250 ml (1 tasse) gruyère rapé

4 tranches de pain, coupées en cubes
30 ml (2 c. à soupe) huile d'olive ou végétale
2 ml (1/2 c. à thé) sel

PRÉPARATION

Dans un grand bol, combiner tous les ingrédients à l'exception du pain, de l'huile et du sel.

Bien mélanger et verser le mélange dans un grand plat allant au four. Mettre au four à 175°C (350°F) pendant 30 minutes.

Dans un bol, mélanger les morceaux de pain, l'huile et le sel. Sortir le plat du four et ajouter les croûtons. Remettre au four à 175°C (350°F) pour 15 minutes ou jusqu'à ce que les croûtons soient dorés.

31

CHAMPIGNONS MARINÉS SAUTÉS

2 PORTIONS

INGRÉDIENTS

15 ml (1 c. à soupe) beurre
10 champignons de Paris, coupés en 2
ou 2 champignons portobello, coupés en tranches de 0,5 cm
2 gousses d'ail, hachées
5 ml (1 c. à thé) épices à steak
15 ml (1 c. à soupe) vinaigre balsamique

PRÉPARATION

À la poêle : Dans une grande poêle, faire fondre le beurre à feu vif sans le brûler. Ajouter les champignons et ne pas remuer pendant 1 minute afin de bien les colorer. Remuer et patienter encore 1 minute. Ajouter l'ail, les épices à steak et le vinaigre. Remuer et cuire encore quelques secondes. Servir.

Sur le BBQ : Utiliser des champignons portobello. Remplacer le beurre par 30 ml (2 c. à soupe) d'huile végétale et mélanger tous les ingrédients, incluant l'huile. Faire griller les champignons sur le BBQ pendant 30 secondes de chaque côté. Simplement délicieux!

LE SAVIEZ-VOUS?

Pour les nouveaux végétariens, le champignon portobello est l'aliment naturel qui rappelle le plus le goût de la viande.

CHAUDRÉE POP

4 PORTIONS

INGRÉDIENTS

15 ml (1 c. à soupe) huile d'olive ou végétale
100 g (4 tranches) bacon (lardons), coupé en petits morceaux
2 carottes, pelées et râpées
398 ml (1 boîte) maïs en crème
284 ml (1 boîte) crème de poulet
125 ml (1/2 tasse) eau
Sel et poivre

PRÉPARATION

Dans une grande casserole, chauffer l'huile et cuire le bacon. Ajouter les carottes et le maïs. Cuire pendant 1 minute, puis ajouter le reste des ingrédients. Bien mélanger et laisser mijoter doucement pendant 15 minutes. Servir.

LE SAVIEZ-VOUS?

Vous n'avez pas de maïs en crème sous la main? Utilisez plutôt du maïs en grains rincé et égouté. Le résultat sera tout aussi délicieux!

106 | LES 60 MEILLEURES RECETTES POUR ÉTUDIANTS DU MONDE

BURGER AUX OIGNONS CARAMELISÉS

6 PORTIONS

INGRÉDIENTS POUR LES BOULETTES

1 kg (2 lb) bœuf haché
80 ml (1 /3 tasse) ketchup
45 ml (3 c. à soupe) épices à steak
1 gros oignon, haché finement

6 pains à burger
6 tranches de fromage de votre choix

INGRÉDIENTS POUR LES OIGNONS CARAMÉLISÉS

15 ml (1 c. à soupe) beurre
4 oignons, émincés
30 ml (2 c. à soupe) sucre
125 ml (1 /2 tasse) eau
Sel et poivre

PRÉPARATION

Dans une casserole, faire fondre le beurre et cuire l'oignon avec le sucre à feu moyen pendant 15 minutes. Remuer régulièrement. Lorsque le fond de la casserole commence à brunir, ajouter l'eau et continuer la cuisson jusqu'à ce que tout le liquide soit évaporé. Saler et poivrer.

Mélanger tous les ingrédients de la boulette et former 6 boulettes.

Cuire les boulettes dans une poêle ou sur le BBQ pendant 5 à 7 minutes de chaque côté. Couvrir d'une tranche de fromage 2 minutes avant de retirer les boulettes de la poêle ou du gril.

Chauffer les pains. Garnir de la boulette, d'oignons caramélisés et de tous vos condiments favoris.

34

FIESTA PITAS PIZZAS

4 PORTIONS

INGRÉDIENTS POUR LA SAUCE TOMATE

796 ml (1 boîte) tomates entières
5 ml (1 c. à thé) sucre
30 ml (2 c. à soupe) huile d'olive
15 ml (1 c. à soupe) épices italiennes
2 ml (1/2 c. à thé) sel
2 gousses d'ail, hachées

INGRÉDIENTS POUR LA PIZZA

4 pains pitas
250 ml (1 tasse) fromage râpé de votre choix
Charcuterie de votre choix
(jambon, salami, pepperoni, prosciutto, bacon…)
Marinades de votre choix
(tomates séchées, cœurs de palmier, aubergines, artichauts,
olives, anchois…)
Légumes de votre choix, émincés
(champignons, poivrons, oignons, tomates, courgettes, épinards…)

PRÉPARATION

Dans une passoire, égoutter les tomates en conserve et les écraser un peu pour que leur jus s'écoule. Dans un bol, combiner les tomates et tous les ingrédients de la sauce. Écraser avec les mains pour obtenir une sauce texturée.

Étendre la sauce sur les pitas, garnir de charcuterie, de légumes et de fromage. Passer au four à 200°C (400°F) pendant 15 minutes.

SUGGESTION GOURMANDE

Vous avez du pain naan, des tortillas, une baguette ou toute autre sorte de pain que vous ne voulez pas gaspiller? Utilisez-les pour cette recette au lieu des pains pitas!

PETIT BUDGET

Budget limité? Prévoyez les pitas et la sauce, et laissez vos invités apporter les garnitures. Vous obtiendrez vite une sélection de pizzas variée et tout le monde y aura contribué.

LE RAGOÛT DE BOULETTES

4 PORTIONS

INGRÉDIENTS POUR LES BOULETTES

450 g (1 lb) bœuf haché
15 ml (1 c. à soupe) épices à steak
1 œuf
60 ml (1/4 tasse) chapelure
Sel et poivre

INGRÉDIENTS POUR LA SAUCE

15 ml (1 c. à soupe) huile végétale
500 ml (2 tasses) champignons de Paris, coupés en quartiers
500 ml (2 tasses) eau
5 ml (1 c. à thé) moutarde de Dijon
34 g (1 sachet) demi-glace du commerce

PRÉPARATION

Combiner tous les ingrédients des boulettes. Faire des boulettes de 2,5 cm (1 po) de diamètre. Réserver.

Dans une grande casserole, cuire les champignons dans l'huile. Ajouter l'eau, la moutarde et le sachet de demi-glace. Bien remuer pour éviter les grumeaux et porter à ébullition. Mettre les boulettes dans la sauce, couvrir et continuer la cuisson pendant 15 minutes à feu doux.

Servir sur du riz, de la purée de pommes de terre (voir recette page 038), des pâtes ou du couscous.

SUGGESTION GOURMANDE

Votre conscience vous dicte d'ajouter des légumes à ce plat réconfortant? Allez-y! Faites blanchir des brocolis, des navets ou des carottes et ajoutez-les à la sauce.

POMME PORC CHEDDAR

2 PORTIONS

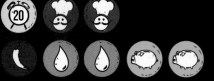

INGRÉDIENTS

15 ml (1 c. à soupe) miel
30 ml (2 c. à soupe) beurre
1 pomme, sans le cœur et coupée en fines tranches
2 côtelettes de porc désossées d'environ 1 cm d'épaisseur
Sel et poivre
2 tranches de fromage cheddar ou emmental

PRÉPARATION

Dans une poêle, faire fondre le miel et 15 ml (1 c. à soupe) de beurre, puis cuire les pommes pendant 2 minutes ou jusqu'à ce qu'elles soient tendres. Réserver dans un bol.

Dans la même poêle, faire fondre le reste du beurre et saisir les côtelettes de porc pendant 2 minutes. Saler et poivrer. Retourner les côtelettes, ajouter le mélange de pommes et placer les tranches de fromage pour couvrir la viande. Cuire encore 3 minutes et servir.

SUGGESTION GOURMANDE

Pourquoi ne pas servir la viande sur un nid de roquette ou accompagnée d'une salade fraîche?

FUNKY HARICOTS

2 PORTIONS

INGRÉDIENTS

1 l (4 tasses) haricots verts
30 ml (2 c. à soupe) beurre
2 gousses d'ail, hachées
60 ml (1/4 tasse) olives noires, dénoyautées, rincées et coupées en rondelles
60 ml (1/4 tasse) feta, émiettée
60 ml (1/4 tasse) persil frais, haché
Sel et poivre

PRÉPARATION

Porter une grande casserole d'eau salée à ébullition.

Couper 1/2 cm aux extrémités des haricots afin de les parer.

Mettre les haricots dans l'eau bouillante et cuire pendant 1 minute. Égoutter.

Remettre la casserole sur le feu. Faire fondre le beurre, puis ajouter l'ail et les olives. Remuer. Ajouter les haricots, la feta et le persil. Saler et poivrer, puis remuer et servir.

LA CHOUCROUTE

4 PORTIONS

SUGGESTION GOURMANDE

La choucroute est un excellent plat à servir entre amis. Disposez-le au centre de la table et laissez vos invités se servir à leur guise.

TRUC DE PRO

Ajoutez des pommes râpées lors de la cuisson pour donner un goût fruité à ce plat. Il est primordial de bien rincer la choucroute avant de la faire cuire pour enlever le goût aigre de sa marinade au vin.

INGRÉDIENTS

12 pommes de terre grelots, lavées
4 saucisses de votre choix, coupées en 2
400 g (1 lb) jambon cuit, coupé épais
1 l (4 tasses) de choucroute, rincée et égouttée
341 ml (1 bouteille) bière brune

Moutarde de Dijon ou crème sure en accompagnement

PRÉPARATION

Dans un plat allant au four, disposer les pommes de terre, les saucisses et le jambon, puis couvrir de choucroute et arroser de la bière. Couvrir le tout et cuire au four à 175°C (350°F) pendant 1 heure 30 minutes. Servir la choucroute accompagnée de moutarde de Dijon et de crème sure.

Les assaisonnements traditionnels de la choucroute sont le laurier et les baies de genièvre. Si vous en avez sous la main, ajoutez-en à la préparation avant de la mettre au four.

P'TIT DÉJ
À PARTAGER

2 PORTIONS

SUGGESTIONS GOURMANDES

Utilisez votre fromage favori dans cette recette qui fera le régal de vos invités matinaux.

Servez ce petit déjeuner avec quelques quartiers de tomate ou un filet de sirop d'érable pour rappeler la cabane à sucre!

INGRÉDIENTS

4 œufs
Sel et poivre
15 ml (1 c. à soupe) beurre
4 tranches de jambon, coupées en petits cubes
30 ml (2 c. à soupe) fromage de chèvre, émietté

2 muffins anglais

PRÉPARATION

Dans un petit bol, casser les œufs et les battre à l'aide d'une fourchette. Saler et poivrer.

Chauffer le beurre dans une poêle et faire revenir le jambon. Ajouter les œufs et le fromage de chèvre. Remuer avec une cuillère jusqu'à ce que les œufs soient cuits. Servir sur les muffins anglais préalablement grillés.

FEUILLETÉ DE TOMATES

4 PORTIONS

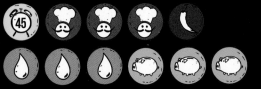

INGRÉDIENTS

1 carré de pâte feuilletée du commerce, décongelé
30 ml (2 c. à soupe) moutarde de Dijon
6 tranches de fromage suisse
4 tomates, tranchées
Sel et poivre
30 ml (2 c. à soupe) huile d'olive
15 ml (1 c. à soupe) épices italiennes

PRÉPARATION

Saupoudrer un rouleau à pâte de farine. Rouler la pâte feuilletée en un mince rectangle d'environ 30 cm par 20 cm (12 po x 8 po) et la disposer sur une plaque huilée allant au four.

Badigeonner toute la surface de la pâte de moutarde de Dijon. Répartir les tranches de fromage et disposer les tranches de tomate sur le fromage. Saler et poivrer.

Dans un petit bol, mélanger l'huile d'olive et les épices italiennes. Arroser la tarte avec l'huile.

Cuire la tarte au four à 175°C (350°F) pendant 30 minutes. Servir.

TRUC DE PRO

Vous ne vous êtes pas encore procuré de rouleau à pâte? Utilisez une bouteille de vin ou de bière, vide ou pleine!

LE SAVIEZ-VOUS?

La pâte feuilletée est le résultat d'une multitude de fines couches de pâte et de gras superposées qui gonflent à la cuisson. Contrairement à la pâte à tarte traditionnelle, on ne peut pas récupérer les retailles pour les retravailler, car elles gonfleront de façon incongrue au four. Il est donc préférable d'utiliser toute la pâte en un seul morceau.

LES TORTELLINIS À LA GIGI

2 PORTIONS

INGRÉDIENTS

500 ml (2 tasses) tortellinis de votre choix
15 ml (1 c. à soupe) huile végétale ou huile d'olive
8 champignons de Paris, émincés
4 tranches de jambon, coupées en fines lanières
250 ml (1 tasse) sauce tomate
125 ml (1/2 tasse) crème 35 % (entière)
Sel et poivre

PRÉPARATION

Cuire les tortellinis dans l'eau bouillante selon le temps de cuisson inscrit sur l'emballage. Égoutter et réserver.

Dans la même casserole, chauffer l'huile et ajouter les champignons et le jambon. Cuire pendant 2 minutes et ajouter la sauce tomate, la crème et les tortellinis. Laisser mijoter 2 minutes. Saler et poivrer. Servir.

LE RAGOÛT DE LA RENTRÉE

4 PORTIONS

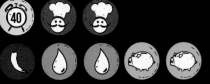

INGRÉDIENTS

15 ml (1 c. à soupe) huile d'olive ou végétale
2 saucisses italiennes douces ou fortes,
coupées en tronçons de 2 cm (1 po)
2 oignons, hachés
2 carottes, pelées et coupées en rondelles
8 pommes de terre grelots, coupées en 2
398 ml (1 boîte) tomates en dés
250 ml (1 tasse) bouillon de boeuf
540 ml (1 boîte) lentilles brunes, rincées et égouttées
15 ml (1 c. à soupe) épices italiennes
Sel et poivre

PRÉPARATION

Dans une grande casserole, chauffer l'huile et ajouter les saucisses, les oignons, les carottes et les pommes de terre. Faire revenir 5 minutes sans mélanger, puis remuer et cuire encore 2 minutes. Ajouter le reste des ingrédients. Laisser mijoter pendant 20 minutes en remuant de temps en temps. Servir avec du bon pain frais.

43

LES SCHNITZELS

2 PORTIONS

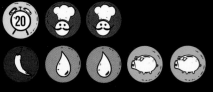

INGRÉDIENTS

2 côtelettes de porc sans os d'environ 1 cm d'épaisseur
Sel et poivre
30 ml (2 c. à soupe) moutarde de Dijon
60 ml (1/4 tasse) chapelure italienne
1 gousse d'ail, hachée finement
30 ml (2 c. à soupe) persil frais, haché
60 ml (1/4 tasse) huile végétale
1 citron, coupé en quartiers

PRÉPARATION

Disposer les côtelettes entre deux feuilles de pellicule plastique et les aplatir en frappant dessus à l'aide d'une casserole, d'une boîte de conserve ou d'une bouteille. Saler et poivrer les côtelettes, puis les badigeonner de moutarde de Dijon.

Combiner la chapelure, l'ail et le persil. Passer les côtelettes de porc dans le mélange de chapelure en pressant afin qu'elle adhère aux côtelettes et les recouvre entièrement.

Dans une grande poêle, chauffer l'huile et déposer délicatement les morceaux de viande. Lorsque la chapelure commence à dorer sur les côtés, retourner les côtelettes et poursuivre la cuisson pour les dorer uniformément. Retirer de la poêle et servir avec un quartier de citron.

SUGGESTION GOURMANDE

Vous pouvez aussi faire cette recette avec des poitrines de poulet. Couper les poitrines en 2 escalopes minces et suivez la même technique.

LE SAVIEZ-VOUS?

Ce plat d'origine autrichienne est traditionnellement accompagné de salade de pommes de terre ou de pommes de terre garnies de beurre et de persil.

LE POTAGE PARMENTIER

4 PORTIONS

INGRÉDIENTS

1 oignon, émincé
15 ml (1 c. à soupe) beurre
2 gousses d'ail, coupées en 4
1 poireau, émincé (utiliser le 3/4 du poireau en partant du blanc)
2 pommes de terre à chair jaune,
pelées et coupées en gros cubes
1 l (4 tasses) bouillon de poulet ou de légumes
5 ml (1 c. à thé) sel
Poivre

PRÉPARATION

Dans une passoire, rincer le poireau émincé afin d'éliminer toute la terre.

Dans une grande casserole, faire fondre le beurre, puis cuire l'oignon, l'ail et le poireau pendant 5 minutes afin de les ramollir. Ajouter les pommes de terre et le bouillon. Saler, poivrer et laisser mijoter pendant 20 minutes.

Broyer le tout à l'aide d'un pied-mélangeur.

SUGGESTION GOURMANDE

Faites gratiner votre soupe : versez le potage dans un plat allant au four et placez-y un morceau de pain rôti et une généreuse couche de votre fromage favori. Passez le tout sous le gril pendant 1 ou 2 minutes.

LE SAVIEZ-VOUS?

Ce potage doit son nom à un pharmacien français, Antoine Augustin Parmentier, qui a popularisé la consommation de la pomme de terre en France au cours du XVIIIe siècle.

PELURES GARNIES

4 PORTIONS

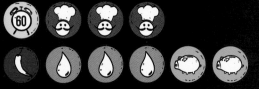

SUGGESTION GOURMANDE

Variez vos pelures de pommes de terre. Ajoutez du poulet effiloché, de la viande hachée, du fromage bleu ou de la salsa. Vous pouvez même tenter une version végétarienne avec du tofu ou du bacon végétarien.

TRUC DE PRO

Vous ne savez pas quoi faire avec l'excédent de chair de pomme de terre? Consultez la recette de purée de pomme de terre à la page 038!

INGRÉDIENTS

6 pommes de terre Russet (petites ou moyennes)
Huile végétale
Sel et poivre
150 g (6 tranches) bacon (lardons), coupé en petits cubes
30 ml (2 c. à soupe) sauce BBQ
250 ml (1 tasse) cheddar fort, râpé

Crème sure pour garnir
Ciboulette, ciselée (facultatif)

PRÉPARATION

Bien laver les pommes de terre et les couper en deux dans le sens de la longueur.

Dans un bol, mélanger les pommes de terre avec l'huile, puis saler et poivrer. Étendre les pommes de terre face vers le bas sur une plaque recouverte de papier parchemin et cuire au four à 200°C (400°F) pendant 30 minutes. Laisser refroidir.

À l'aide d'une cuillère, vider les pommes de terre d'environ 3/4 de leur chair (et la conserver pour une utilisation future).

Cuire le bacon dans une poêle. Ajouter la sauce BBQ à la fin de la cuisson. Répartir le bacon dans les pelures de pomme de terre. Recouvrir de fromage et cuire au four pour 3 à 5 minutes sous le gril. Servir avec de la crème sure et un peu de ciboulette.

LE MACARONI DÉCADENT

2 PORTIONS

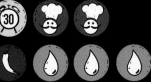

INGRÉDIENTS

500 ml (2 tasses) macaronis
15 ml (1 c. à soupe) beurre
15 ml (1 c. à soupe) farine
5 ml (1 c. à thé) moutarde de Dijon
500 ml (2 tasses) lait
250 ml (1 tasse) cheddar fort ou gruyère, râpé
Sel et poivre

PRÉPARATION

Cuire les pâtes dans une grande casserole d'eau bouillante selon les instructions de l'emballage. Égoutter.

Dans une casserole, faire fondre le beurre, puis ajouter la farine et remuer 10 secondes avec un fouet. Ajouter la moutarde et 125 ml (1/4 tasse) de lait. Fouetter pour obtenir une pâte lisse. Ajouter le reste du lait par petites quantités en fouettant pour bien dissoudre la farine et éviter les grumeaux. Porter à ébullition en remuant légèrement sans arrêt. Lorsque la sauce mijote, ajouter le fromage et remuer afin de le faire fondre. Ajouter les macaronis. Saler, poivrer et servir.

AILES DE POULET VICTORIEUSES

24 AILES DE POULET

INGRÉDIENTS

24 ailes de poulet
60 ml (1/4 tasse) ketchup
30 ml (2 c. à soupe) vinaigre blanc
30 ml (2 c. à soupe) sucre
30 ml (2 c. à soupe) sauce piquante
15 ml (1 c. à soupe) épices à steak

PRÉPARATION

Dans un grand bol, mélanger tous les ingrédients. Laisser mariner au réfrigérateur au moins 2 heures. Placer le poulet sur une plaque huilée allant au four et cuire à 200°C (400°F) pendant 30 minutes. Retourner les ailes et continuer la cuisson encore 30 minutes. Servir.

SUGGESTION GOURMANDE

Voilà une recette idéale à déguster avec des amis lors d'un match de votre équipe sportive préférée!

48

LA FRITTATA

4 PORTIONS

INGRÉDIENTS

6 oeufs
125 ml (1/2 tasse) lait
250 ml (1 tasse) gruyère, râpé
Sel et poivre

15 ml (1 c. à soupe) huile d'olive ou végétale
1 brocoli, coupé en petits bouquets
150 g (6 tranches) bacon (lardon), émincé

PRÉPARATION

Dans un bol, fouetter ensemble les œufs, le lait et le fromage. Saler et poivrer.

Dans une poêle antiadhésive, chauffer l'huile et faire revenir le bacon et les bouquets de brocoli durant 3 à 5 minutes. Verser le mélange d'oeufs dans la poêle, couvrir avec un couvercle, une grande assiette ou du papier d'aluminium et cuire à feu doux pendant 15 minutes. Servir.

TRUC DE PRO

Pour servir la frittata, utilisez une assiette plus grande que la poêle. Recouvrez la poêle de l'assiette et retournez-les en toute confiance!

SALADE À LA GRECQUE

4 PORTIONS

INGRÉDIENTS

125 ml (1/2 tasse) feta, émiettée
12 tomates cerises, coupées en 2
1 concombre, coupé en cubes
1/2 oignon rouge, émincé
60 ml (1/4 tasse) huile d'olive
30 ml (2 c. à soupe) vinaigre de vin blanc, de vin rouge
ou balsamique
Sel et poivre

PRÉPARATION

Combiner ensemble tous les ingrédients. Remuer et savourer.

TRUC DE PRO

La salade grecque peut se préparer à l'avance et se conserver quelques jours.

SUGGESTION GOURMANDE

Ajoutez des olives Kalamata si vous en êtes friand ou de l'origan frais si vous en avez sous la main. Et pour un repas complet tout en fraîcheur, mettez-y aussi du poulet!

50

CHILI SIN CARNE

6 PORTIONS

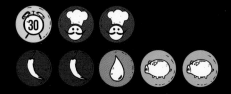

INGRÉDIENTS POUR LE CHILI

15 ml (1 c. à soupe) huile d'olive ou végétale
1 oignon, ciselé
2 poivrons rouges, coupés en dés
2 gousses d'ail, hachées
15 ml (1 c. à soupe) cumin
15 ml (1 c. à soupe) poudre de chili
540 ml (1 boîte) haricots rouges, rincés et égouttés
796 ml (1 boîte) tomates en dés
341 ml (1 boîte) maïs en grains, rincé et égoutté
Sel et poivre
250 ml (1 tasse) haricots verts, coupés en petits tronçons
60 ml (1/4 tasse) coriandre fraîche (facultatif)

PRÉPARATION

Dans une casserole, chauffer l'huile, puis faire revenir l'oignon, les poivrons et l'ail pendant 5 minutes. Ajouter le cumin et la poudre de chili. Ajouter les haricots rouges, les tomates et le maïs. Saler et poivrer. Laisser mijoter 15 minutes. Ajouter les haricots verts et la coriandre, et cuire pendant 2 minutes. Retirer du feu.

Servir avec de la crème sure et du fromage râpé.
Accompagner le chili de pain frais ou de croustilles de maïs.

LE SAVIEZ-VOUS?

Le *chili con carne* (chili avec de la viande) est le mets officiel de l'État du Texas depuis 1977.

HUMMUS SUR LE BEAT

4 PORTIONS

INGRÉDIENTS

1 poivron rouge, épépiné et coupé en lanières
2 gousses d'ail, coupées en 2
540 ml (1 boîte) pois chiches, rincés et égouttés
30 ml (2 c. à soupe) tahini
80 ml (1/3 tasse) huile d'olive
Jus de 1 citron
Sel et poivre

PRÉPARATION

Dans une poêle, chauffer 15 ml (1 c. à soupe) d'huile d'olive et faire revenir le poivron et l'ail pendant 2 à 3 minutes. Réserver.

Dans un bol profond, combiner tous les ingrédients, y compris le reste de l'huile d'olive, et réduire en purée à l'aide d'un pied-mélangeur. Saler et poivrer.

Servir avec des pains pitas frais, des croustilles, des crudités, ou en garnir un sandwich ou un bagel.

 SUGGESTION GOURMANDE

Variez les saveurs de votre hummus : ajoutez des aubergines, de la citrouille, des oignons, des olives, etc. Une fois que vous avez mis la main sur un pot de tahini, les possibilités sont infinies.

PILONS SUCRÉS SALÉS

6 PORTIONS

INGRÉDIENTS

60 ml (1/4 tasse) miel
60 ml (1/4 tasse) sauce soja
5 ml (1 c. à thé) poudre de chili
6 pilons de poulet avec la peau
15 ml (1 c. à soupe) huile d'olive ou végétale

PRÉPARATION

Dans un bol, mélanger le miel, la sauce soja et le chili.

Chauffer une grande poêle et saisir les pilons de poulet dans l'huile.

Verser la sauce dans la poêle et couvrir pendant 10 minutes. Retirer le couvercle et cuire à feu moyen 5 à 8 minutes ou jusqu'à ce que le liquide devienne sirupeux et enveloppe bien les pilons de poulet. Servir.

LA SALADE DE CHOU CLASSIQUE

4 PORTIONS

INGRÉDIENTS POUR LA SALADE

1/2 chou vert, râpé ou émincé très finement
1 carotte, râpée
1/2 oignon, râpé

INGRÉDIENTS POUR LA VINAIGRETTE

60 ml (1/4 tasse) vinaigre blanc
15 ml (1 c. à soupe) sucre
125 ml (1/2 tasse) huile végétale
5 ml (1 c. à thé) moutarde de Dijon
1 pincée d'épices italiennes
Sel et poivre

PRÉPARATION

Dans un grand bol, mélanger les ingrédients de la vinaigrette. Ajouter les légumes, saler, poivrer et remuer. Pour un résultat optimal, laisser reposer la salade pendant environ 2 heures au réfrigérateur avant de la servir.

SUGGESTION GOURMANDE

Cette salade est un excellent accompagnement pour vos pilons de poulet (voir recette page 154) ou toute autre viande!

LES BEIGNETS D'ANETH

2 PORTIONS

INGRÉDIENTS

2 courgettes
125 ml (1/2 tasse) feta, émiettée
60 ml (1/4 tasse) farine
2 ml (1/2 c. à thé) poudre à pâte (levure chimique)
60 ml (1/4 tasse) aneth frais, haché
Sel et poivre
30 ml (2 c. à soupe) huile d'olive ou végétale

PRÉPARATION

Dans un bol, râper les courgettes. Ajouter la feta, la farine, la poudre à pâte et l'aneth. Saler, poivrer et bien mélanger avec une cuillère afin d'obtenir une pâte.

Dans une poêle antiadhésive, chauffer l'huile et cuire le mélange par petites quantités afin de former des petits beignets. Lorsque les côtés commencent à dorer, retourner et cuire l'autre côté afin de le dorer également. Servir avec du yogourt nature, du labneh, du tzatziki ou toute autre trempette de votre choix.

 LE SAVIEZ-VOUS?

L'huile essentielle d'aneth aiderait à soulager les problèmes intestinaux (coliques, gaz, etc.) Par contre, il est déconseillé aux femmes enceintes ou qui allaitent d'en consommer.

LA CROUSTADE AUX POMMES

4 PORTIONS

INGRÉDIENTS

15 ml (1 c. à soupe) beurre
4 pommes, sans le cœur et tranchées
30 ml (2 c. à soupe) cassonade (sucre brun)
2 ml (1/2 c. à thé) cannelle

INGRÉDIENTS POUR LA GARNITURE

125 ml (1/2 tasse) farine
375 ml (1 1/2 tasse) flocons d'avoine
125 ml (1/2 tasse) cassonade (sucre brun)
125 ml (1/2 tasse) beurre, fondu
Sel

PRÉPARATION

Enduire de beurre le fond d'un plat d'environ 20 cm (8 po) allant au four.

Dans un bol, combiner les pommes, la cassonade et la cannelle. Déposer au fond du plat allant au four.

Dans le même bol, combiner tous les ingrédients de la garniture. Recouvrir les pommes avec ce mélange. Cuire la croustade au four à 175°C (350°F) pendant 40 minutes ou jusqu'à ce que la garniture soit dorée.

SUGGESTION GOURMANDE

La croustade se prête à n'importe quel fruit : pêches, poires, prunes, rhubarbe, petits fruits... Et vous pouvez même les combiner!

56

CROQUE QUI-TU-VEUX

2 PORTIONS

INGRÉDIENTS

2 tranches de pain
2 tranches de fromage suisse
2 tranches de jambon ou de la charcuterie de votre choix
4 feuilles de basilic (facultatif)
4 tranches de tomate
Sel et poivre
30 ml (2 c. à soupe) parmesan râpé (facultatif)

PRÉPARATION

Sur une plaque allant au four, disposer les tranches de pain. Garnir de fromage, de jambon, de basilic, de tranches de tomate, et assaisonner. Terminer en saupoudrant de parmesan.

Cuire au four sur la grille la plus basse à 175°C (350°F) pendant 10 minutes. Régler ensuite le four à gril et continuer la cuisson durant 3 minutes. Déguster.

 SUGGESTION GOURMANDE

Le croque-monsieur offre autant de variations que vous le permet votre imagination. Rapide et économique, c'est un incontournable de la cuisine étudiante. Essayez les variations suivantes :

• fromage suisse, jambon, pomme

• sauce tomate, pepperoni, mozzarella

• brie, épinards, olives et tomates séchées,

• fromage à la crème (fromage à tartiner), saumon fumé, oignon rouge

• fromage de chèvre, jambon, champignons

57

DE CÉLERI-RAVE

4 PORTIONS

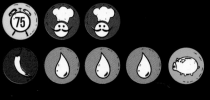

INGRÉDIENTS

1 petit céleri-rave
30 ml (2 c. à soupe) mayonnaise
15 ml (1 c. à soupe) moutarde de Dijon
Jus de 1/2 citron
Sel et poivre
60 ml (1/4 tasse) estragon frais (facultatif)
30 ml (2 c. à soupe) eau

PRÉPARATION

Couper les 2 extrémités du céleri-rave pour qu'il soit bien solide sur la planche à découper.

Peler le céleri-rave avec un couteau. Une fois pelé, râper le céleri-rave. (Pour vous simplifier la tâche, le couper en 2 ou 4 morceaux.)

Dans un grand bol, ajouter tous les ingrédients au céleri-rave et laisser reposer la salade au frigo pendant au moins 1 heure avant de servir.

 TRUC DE PRO

Cette salade est comme la salade de chou. Plus elle marine longtemps, meilleure elle est. Elle se conserve très bien pendant plusieurs jours.

 SUGGESTION GOURMANDE

Ajoutez des pommes vertes râpées à cette salade pour une variante fruitée et savoureuse.

58

LES QUESADILLAS

4 PORTIONS

270 ml (1/2 boîte) haricots noirs, rincés et égouttés
60 ml (1/4 tasse) huile d'olive
Sauce piquante (au goût)
Sel et poivre

_____
INGRÉDIENTS POUR LES TORTILLAS
_____

15 ml (1 c. à soupe) huile d'olive
1 poivron rouge, coupé en fines lanières
1 oignon, émincé
5 ml (1 c. à thé) cumin

8 tortillas de maïs
4 tranches de fromage Monterey jack

_____
PRÉPARATION
_____

À l'aide d'un pied-mélangeur, broyer les haricots noirs et l'huile d'olive ensemble. Ajouter de la sauce piquante au goût. Saler et poivrer.

Dans une poêle, chauffer 1 c. à soupe d'huile d'olive et faire revenir les oignons et les poivrons jusqu'à ce qu'ils soient tendres. Ajouter le cumin. Réserver.

Sur une tortilla, étendre de la purée de haricots noirs, garnir avec les légumes, recouvrir de fromage Monterey jack et refermer avec une autre tortilla.

Badigeonner la tortilla supérieure avec un peu d'huile d'olive et placer au four à 175°C (350°F) pendant 25 minutes.

Couper la quesadilla en quatre sections et servir nature ou garnie de crème sure, de salsa ou de guacamole. (Voir recette page 032)

TRUC DE PRO

Vous n'avez pas de pied-mélangeur? Cela ne vous arrêtera pas : utilisez vos dix doigts pour écraser les haricots comme un pro.

POULET BBQ

4 PORTIONS

INGRÉDIENTS

1 poulet entier
45 ml (3 c. à soupe) assaisonnement BBQ du commerce
30 ml (2 c. à soupe) huile d'olive
2 oignons, pelés et coupés en 2

PRÉPARATION

Dans un petit bol, mélanger l'assaisonnement BBQ et l'huile d'olive.

Frotter le poulet avec le mélange.

Mettre les oignons à l'intérieur du poulet et placer le tout dans un plat allant au four. Cuire à 175°C (350°F) pendant 1 heure. À mi-cuisson, retirer le poulet du four et à l'aide d'une cuillère, l'arroser avec le jus au fond du contenant. Remettre au four.

Découper les deux poitrines et les deux cuisses et servir.

PAIN PERDU

2 PORTIONS

INGRÉDIENTS

4 tranches de pain de votre choix
(baguette, brioche, aux raisins, etc.)
2 œufs
30 ml (2 c. à soupe) sucre
125 ml (1/2 tasse) lait
2 ml (1/2 c. à thé) cannelle
30 ml (2 c. à soupe) beurre

PRÉPARATION

Dans un grand bol, fouetter les œufs, le sucre, le lait et la cannelle à l'aide d'une fourchette.

Chauffer une poêle à feu moyen vif. Tremper le pain dans le mélange d'œufs pour bien l'en enrober. Cuire chaque tranche de pain dans 8 ml (1/2 c. à soupe) de beurre jusqu'à ce qu'elle soit bien dorée. Retourner les tranches et cuire uniformément.

Servir avec de la sauce au chocolat (voir recette page 036) ou du dulce de leche (voir recette page 040).

INDEX DES INGRÉDIENTS

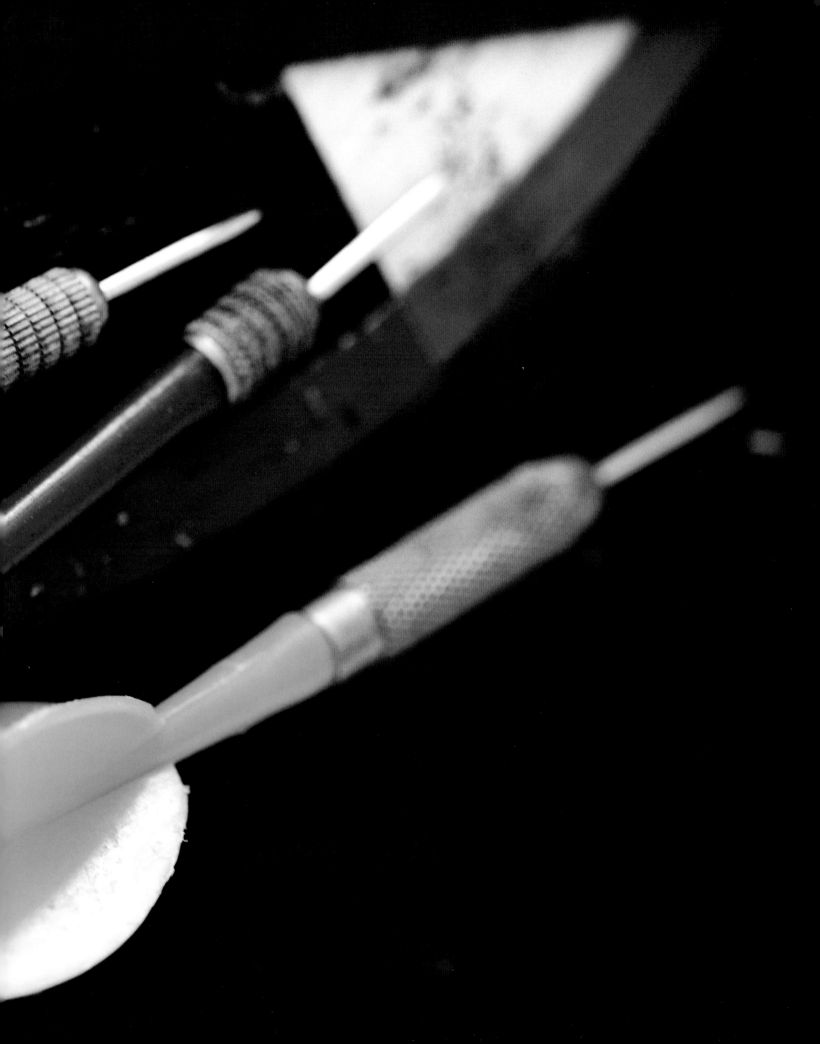

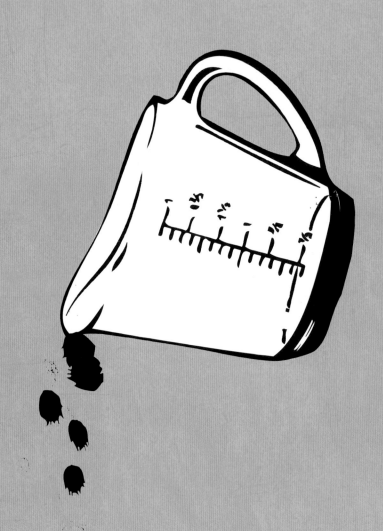

TABLE DE CONVERSION

1 dl	10 cl	100 ml
1 cuillère à soupe	1 cuillère à table	15 ml
1 cuillère à thé	1 cuillère à café	5 ml
1 oz	30 ml	
1 tasse	250 ml	
4 tasses	1 l	
1/2 tasse	125 ml	
1/4 tasse	60 ml	
1/3 tasse	80 ml	
1 lb	450 g	
2 lbs	900 g	
2,2 lbs	1 kg	
400°F	200°C	T/7
350°F	175°C	T/6
300°F	150°C	T/5

Conversion volume/poids des ingrédients
* Ces valeurs sont approximatives

1 tasse (250 ml) de fromage émietté	150 g
1 tasse (250 ml) de farine tout-usage	115 g
1 tasse (250 ml) de sucre blanc	200 g
1 tasse (250 ml) de sucre brun	220 g
1 tasse (250 ml) de beurre	230 g
1 tasse (250 ml) d'huile	215 g
1 tasse (250 ml) de tomates en boîte	250 g

NOTES

60

DANS LA MÊME COLLECTION